DES ÉMEUTES

ET

DE LEURS PRINCIPES,

OU

DES FAUTES ET DE LEURS EFFETS.

DES ÉMEUTES

ET

DE LEURS PRINCIPES,

OU

DES FAUTES ET DE LEURS EFFETS.

PAR M. LE ROY DE NEUFVILLETTE,

Ancien avocat à la Cour de cassation et aux Conseils du Roi, Doyen des officiers de la garde nationale parisienne depuis 1791 jusqu'à la dissolution d'avril 1827.

Les pensées émises et les fautes relevées franchement et par conviction, mais avec la véritable intention de n'offenser personne, permettent de solliciter de tout lecteur quelque indulgence.

PARIS,

IMPRIMERIE DE GUIRAUDET ET JOUAUST,
RUE SAINT-HONORÉ, 315.

1839

DES ÉMEUTES

ET

DE LEURS PRINCIPES.

Les émeutes et leurs principes, tel est le titre d'un article de *l'Europe monarchique* (1).

« Selon nous (dit l'auteur, après citation de quelques faits historiques), la substitution du principe de la souveraineté populaire à la vieille idée de l'hérédité de race est une des grandes causes de la perturbation des esprits, parce qu'à tort ou à raison, le peuple qu'on a dit souverain se manifeste par des actes plus ou moins violents, comme c'est sa nature. »

Oui, la proclamation de la souveraineté populaire est une cause de la perturbation des esprits.

On nie seulement toute autre conséquence plus ou moins avouée ou sous-entendue; par exemple, que le principe, *La souveraineté réside*

____

(1) Juin 1839.

dans la nation, ait pris en haine la Royauté de race, et que ce soit là l'origine des émeutes ou des insurrections, notamment depuis 1789.

Sous la première race des Rois de France, la Souveraineté avait toutes les formes d'une démocratie militaire.

Sous la seconde race, le Monarque n'était qu'un suzerain.

Sous la troisième, et même lorsque la Royauté se trouva réunie dans les mains d'un seul, c'était plutôt une monarchie tempérée qu'absolue, à cause des priviléges de quelques provinces, de l'insubordination de quelques grands seigneurs, et des droits attachés à leur justice particulière; enfin, à raison de la puissance du Clergé et des Parlements.

Cette troisième race des Rois de France a existé depuis 987 jusqu'en 1791, sans qu'on puisse dire que la Royauté de race ait eu pour ennemi déclaré le principe de la souveraineté dans la NATION.

Il y a plus.

Quoique le principe déjà reconnu par LOUIS XVI (1) eût été décrété en 1789, la Royauté de

______

(1) Lettres patentes transcrites en Parlement le 29 novembre 1789.

race n'a pas moins été proclamée ; elle le fut aussi sous l'Empire ; ensuite, sous la Restauration, et même en 1830, sans qu'il s'élevât aucune lutte entre la Royauté de race et la Souveraineté nationale.

Les actes et les excès intermédiaires ne prouvent rien quand il s'agit des principes concernant les masses, dont auraient abusé quelques gens pervers, quelques monstres.

Le fleuve ne perd pas son origine et son nom parce qu'il a débordé et occasionné des ravages.

On attribue à nos grands Ecrivains du 18ᵉ siècle l'inoculation en France de l'esprit révolutionnaire ou démocratique.

Pour accréditer un tel reproche, il faudrait prouver qu'ils ont avili la Royauté ; leurs idées libérales ne sont pas entachées de cette honteuse initiative.

Alors dites aussi que *Bossuet*, Evêque de Meaux, a attaqué la Religion catholique et romaine, parce qu'il a établi les Libertés de l'Eglise gallicane.

Laissons à quelques célèbres prédicateurs, par exemple au Père *Bourdaloue*, Jésuite, qu'on appelait le Roi des prédicateurs et le prédicateur des Rois, la triste gloire de cet esprit révolutionnaire d'avilissement de la Royauté, et même d'abolition du droit divin, en abaissant et humiliant les Rois dans ses écrits et ses prédications virulentes.

Quoi qu'il en soit, pour ce qui concerne les premières et grandes révolutions dans un Etat, la faute en est moins à la forme du Gouvernement qu'aux Chefs de ce Gouvernement.

Par la suite, et quant aux excès, la faute en est moins aux Chefs de l'Etat qu'aux passions imprudemment remuées.

Telles sont nos deux propositions, auxquelles se rattache celle principale sur les effets de la Souveraineté dans la Nation, à l'égard de la Royauté de race.

La convocation des Etats-Généraux en France n'était pas une révolution.

C'était une mesure que nécessitaient l'extrême pénurie du trésor royal, les refus des Parlements et du Clergé de secourir la Couronne dans cette grave circonstance.

Les intérêts annuels de la dette publique étaient en souffrance; ils étaient même tout à fait compromis.

L'honneur est le premier drapeau des Français.

Banqueroute et déshonneur devenaient des mots synonymes.

Alors on prit la généreuse et spontanée résolution de faire face aux besoins de la Couronne (1), sans récriminations sur les causes de l'énorme *déficit*; mais à une double condition, a-t-on dit, en faveur des contribuables ordinaires :

1° Que les Français, sans aucune distinction de titres et de rangs, contribueraient aux sacrifices d'une manière égale et proportionnelle ;

2° Que ce serait désormais une règle invariable, tant pour le présent que pour l'avenir.

Rien n'était plus raisonnable et plus fondé.

C'est un grand tort que de ne pas savoir faire des concessions à propos.

On était encore dans la virginité des sentiments royaux.

On demandait le plus pour obtenir le moins.

Certes, si les privilégiés avaient souscrit de bonne grâce à la condition du *présent*, ils auraient gagné leur cause contre l'*avenir*.

Les bases ainsi arrêtées, la Session des *Etats-Généraux* aurait été close.

Le peuple aurait vu dans cette mémorable

(1) Nul pouvoir n'a le droit de manquer à la foi publique, sous quelque forme et détermination que ce soit. — Décret du 13 juillet 1789.

transaction un acte de justice; il s'en serait emparé et glorifié comme d'un triomphe.

Les coups d'état pour s'opposer à une proposition de toute équité, ou en violation de la foi promise, ne sont pas heureux.

Le Roi, subjugué par des courtisans hautains et intéressés, rend une ordonnance par laquelle il dissout l'Assemblée des Etats-Généraux.

Les portes de la salle des séances sont fermées.

Cette *Assemblée*, déjà nationalisée, persiste, résiste.

De là (20 juin 1789) le serment du jeu de Paume entre les mains du vénérable Sylvain *Bailly*, Doyen du Tiers-Etat, « Qu'on ne se séparera qu'après avoir donné une Constitution à la France ».

De là les actes de cette législature improvisée.

De là une véritable perturbation et irritation dans les esprits.

De là enfin les premiers mouvements populaires, et ces excès de si triste mémoire.

Mais, en cela aussi, rien qui ait trait à une lutte ayant pour cause immédiate la Souveraineté du peuple, en guerre contre la Royauté de race.

La preuve en est dans la Constitution de cette Assemblée nationale, où la Royauté de race, et la même royauté, est reconnue et proclamée.

Les excès ne font pas loi.

La faute en est restée au Chef de l'Etat ou à ses Conseillers.

Les suites ne peuvent être attribuées qu'aux passions imprudemment remuées.

Seulement, *dans cette première lutte*, a surgi la puissance des faits.

On a cessé de croire au droit divin de la Royauté, et avec raison, a dit M. de Chateaubriand dans son discours prononcé lors de sa retraite de la Chambre des Pairs.

Telle était, en effet, la conséquence du principe que la Souveraineté réside dans la Nation.

Cette vérité, c'est-à-dire cette renonciation de croyance au droit divin de la Royauté, n'en est peut-être pas moins une autre cause de perturbation et de tendance immorale dans les esprits.

Tout ce qui se rapproche du matérialisme épanche toujours des filtrations dangereuses.

Sans respect pour la Royauté, pour la Religion, il n'y a point de stabilité dans les Gouvernements, il n'y a plus de bonnes mœurs publiques.

Les peuples les moins civilisés ont une religion quelconque ; ils lui portent respect, ainsi qu'aux Chefs politiques qu'ils ont adoptés ou choisis.

C'est dans ce but que les Constitutions elles-mêmes ont déclaré la personne du Roi inviolable.

C'est dans ce même but que la dernière Constitution de 1830, en rendant hommage à la liberté des Cultes, reconnaît les Cultes chrétiens, et continue de pourvoir aux traitements de leurs Ministres.

C'est pour cela qu'après le droit divin de la Royauté, on en était venu au sacre des Rois.

Au reste, les funestes élans de la première révolution sont dus en partie (qui le croirait?) à cette célèbre *Assemblée*, dite Constituante :

1° A sa trop fameuse déclaration des droits de l'homme, sans rappeler en même temps les devoirs du citoyen (1) ;

2° A la proclamation de la Souveraineté du peuple, ou plutôt dans la Nation, sans la définir (2) ;

(1) Ces devoirs sont tracés dans la Constitution de l'an 3 (août 1795).

(2) Seulement, un décret du 28 février-17 avril 1791, relatif au

3° Au vote universel;

4° A sa dissolution volontaire et *en masse* dès le 30 septembre 1791, tandis que la Constitution de la même année étendait ses pouvoirs jusqu'à la fin d'avril 1793;

5° A sa trop libérale et généreuse résolution de renoncer à prendre part aux Assemblées subséquentes.

Voilà des fautes dont on connaît les résultats.

Il est vrai que cette Assemblée avait en quelque sorte *conventionalisé* ses pouvoirs, et qu'elle crut devoir faire cesser elle-même cette irrégularité.

Vain prétexte !

La Constitution de 1791, on le répète, avait suffisamment régularisé et prorogé ses pouvoirs.

Après l'abolition, en quelque sorte, de la croyance au droit divin de la Royauté, une autre conséquence du principe de la Souveraineté dans la NATION (surtout en matière d'impôts,

respect dû aux juges et à leurs jugements, porte ce qui suit : Art. 1er. *La souveraineté étant une et indivisible, et appartenant à la nation entière,* aucune administration, non plus qu'aucune *section du peuple* ou de l'Empire, sous quelque dénomination que ce soit, n'a *le droit* et ne peut exercer *aucun acte* de souveraineté.

qui sont votés, même en Turquie), c'était l'abolition de la Royauté *absolue*.

Telle a été, à l'égard de la Royauté, la seule application que l'*Assemblée Constituante* ait faite du principe de la souveraineté nationale.

Il n'a fallu rien moins que la main de fer d'un grand génie et qu'un *ultra*-Louis xiv *de gloire* pour mettre fin successivement à l'abus intermédiaire de cette souveraineté, dite populaire; pour retremper les mœurs publiques par l'amour du travail, en utilisant toutes les nuances d'opinions; pour lier les besoins du repos intérieur à la conservation des intérêts privés; pour refaire une prospérité publique au dedans, et une puissance de considération au dehors.

S'il y a eu sous le régime impérial du despotisme, ce n'a pas du moins été aux dépens des principaux droits constitutionnels.

Le *grand homme* n'a jamais avili la Royauté, a dit M. de Bonald.

Le peuple s'est enorgueilli de cette splendeur.

Il s'y est associé.

Il a fourni pour sa part beaucoup d'hommes d'Etat, et une Légion de Héros.

A cette époque du brillant éclat de l'Empire, la jeunesse de tous les rangs ne politiquait pas;

elle travaillait avec ardeur ; elle étudiait sé-
rieusement.

QUE DIRE des *coups d'Etat de dissolution* des
Chambres législatives et de leurs effets ?

On a vu ce qu'une dissolution royalement or-
donnée en 1789, et ce que même une dissolution volontaire en 1791, ont produit.

On se souvient encore des effets de la dissolution des Chambres en 1827.

En cela, même faute qu'en 1789.

Une autre faute non moins notable a été l'in-
juste et l'imprudente dissolution de la Garde Nationale parisienne dans la même année 1827.

Malgré tous ces écarts, les traditions ancien-
nes de la Royauté des BOURBONS, chez quelques
classes ci-devant privilégiées, d'ailleurs inté-
ressées, et, plus noblement, un instinct vrai-
ment français chez le peuple, firent oublier ces
graves erreurs, et respecter ainsi le principe
constitutionnel de l'inviolabilité du Roi, bien loin
d'y opposer celui de la souveraineté nationale.

Ce n'est pas tout.

En juillet 1830, la Charte constitutionnelle et
des lois de haute organisation politique sont
violées.

La force armée est déployée pour ressaisir
d'abord une partie du pouvoir absolu.

Le peuple, ou plutôt tout Paris, au nom de la NATION, se lève en masse, combat et triomphe.

Il y a beaucoup de sang répandu.

Eh bien! dans cet état de choses si déplorable, la Souveraineté populaire ou nationale se déclare-t-elle contre la Royauté de race?

NON.

Sur ce mot négatif, nous entendons plus que des murmures contre-négatifs.

Mais les faits notoires sont là, encore tout palpitants en quelque sorte, pour rendre hommage à notre assertion.

Le 29 juillet 1830, le peuple ne voulait pas qu'en son nom on commît une abominable répétition du 21 janvier 1793, bien qu'il eût acquis le droit de se saisir des armes en vertu du principe de la Souveraineté nationale.

1° Point d'émeutes ayant pour but ou la République ou le pillage.

Noble défense pour conserver ses droits.

Tous les étrangers présents à Paris, et témoins oculaies de la lutte, en ont été pénétrés d'admiration.

2° On voudra bien accorder que MM. ARAGO, membre de l'Institut; GÉRARD, LAFFITTE, LOBAU, Casimir PÉRIER et MAUGUIN, députés, étaient les dignes représentants de la Nation et les honorables délégués de la Chambre des Députés.

Dans l'après‑midi du 28 juillet, ils font des démarches auprès du Roi Charles X pour concilier les intérêts du pays et arrêter l'effusion du sang.

Ils ne sont pas reçus.

Le lendemain 29, dès huit heures du matin, deux pairs de France (MM. de Sémonville et d'Argout) renouvellent les mêmes tentatives de conciliation auprès du Roi.

Le Roi hésite.

Définitivement le Roi refuse (1).

« *Le* 29 *juillet*, le Roi refuse », dites-vous. « Autre mensonge », s'écrieront quelques lecteurs avec humeur et fierté, en ajoutant :

« A cette date du 29 juillet, le Roi avait rendu des Ordonnances portant formation d'un nouveau ministère, et la révocation des ordonnances du 25. »

Nous répondons :

En supposant vraie cette date du 29, c'était

______

(1) L'instruction publique du procès contre les Ministres atteste tous ces faits.

bien le cas d'en indiquer l'heure, surtout après le refus du matin du même jour.

A deux heures de l'après-midi, l'attaque de la Cour était vaincue.

Aussi il n'y a eu ni publications, ni affiches, ni distributions de ces Ordonnances. Le Bulletin des lois ne les a insérées que comme document historique (1).

Profite-t-on ou abuse-t-on de la victoire pour substituer les éléments démocratiques de la Souveraineté nationale à la Royauté de race ?

Non encore.

La lutte n'avait pas cette origine ; elle y est restée étrangère.

On sait bien que le lendemain et les jours suivants quelques têtes exaltées ont rêvé la République.

De qui venait cette funeste pensée ?

Elle avait pour auteurs et acteurs disponibles les non-combattants, les émeutiers de profession, les ennemis de l'ordre public, tous les industriels politiques de bas étage.

Les fautes des Chefs de l'Etat ou de leurs Conseillers sont donc les principes radicaux des révolutions en France.

____

(1) **Note du rédacteur de ce Bulletin.**

Les excès commis par suite de ces fautes doivent donc être attribués aux passions imprudemment remuées.

La Souveraineté nationale n'est donc pas en guerre contre la Royauté de race, que réclame d'ailleurs le repos des peuples.

Puisque sur d'autres points peu éclairés on invoque si souvent, à tort ou à raison, l'opinion publique sortie des dernières élections de Députés, est-ce que la véritable et unanime opinion publique n'a point surgi contre un nouvel essai de République ?

Oui, incontestablement.

Comment, d'après cela, se laisser subjuguer par des erreurs aussi manifestes ?

Laissons donc à chacun ses fautes, et à chaque chose ses causes.

Il règne actuellement dans certains esprits et certaines régions de la classe bourgeoise des accès de fièvre cérébrale, que les dupes ou les victimes prennent pour des inspirations de politique et d'avenir célestes.

On se croit supérieur à tous autres, et des génies supérieurs, même à la gloire militaire.

Les dénominations à grands moyens électoraux étant usées, on en est venu à des mots plus sonores, et censés, dès lors, plus significatifs et plus imposants pour le monde politique.

Il y a là coterie d'esprit d'association pour l'exploitation d'une mine qui doit fournir aux spéculateurs, aux dépens des voisins, des trésors, jusque dans les éboulements.

Quelques uns de ces grands mots à l'ordre du jour sont :

Indépendance parlementaire.

Indépendance ministérielle.

Crise commerciale et industrielle.

Réforme électorale, etc., etc.

Voilà ce qu'on lit sur tous les drapeaux déployés des oppositions,

Et dans les replis,

Sauf erreurs ou omissions,
Ce qui veut dire qu'on s'écrie :
Marchons, marchons !
(Et *a parte*) : *Ou bien faisons marcher.*

Malheureusement, les bons et les demi-bons articles de quelques journaux ne sont pas lus, et souvent ne seraient pas même compris par le peuple.

On lui adresse (ce qui n'est guère français) des exclamations sur l'abaissement de la France depuis 1830.

On l'entretient perpétuellement, et à outrance, de l'incapacité de tous les Ministères, d'idées portant le germe et bientôt les fruits de ce qui s'est révélé sous l'ancien régime républicain.

On lui vante donc le Gouvernement à bon marché.

Il y a long-temps qu'on a dit et répété cette vérité, que « Rien n'était plus cher que le bon marché. »

Ils ont fait de grandes et belles choses, ces hommes d'Etat du vote universel et du Gouvernement à bon marché !

De leur temps, c'étaient, pendant plusieurs années consécutives, les guerres civiles, le papier-monnaie, les marchandises au *maximum* après le pillage, les deux onces de pain bis par jour, la banqueroute de l'État, les malheurs et les discordes dans le sein des familles, etc., enfin toutes les misères publiques ; c'étaient les pouvoirs monstrueux du Comité de salut public, du Comité de sureté générale.

Ils *régnaient et gouvernaient, ceux-là*, au nom de la liberté et de l'égalité !

Heureux temps, où l'on ne pouvait respirer l'air sans carte de sûreté, ni rentrer chez soi sans exhiber sa carte civique au portier, heu-

reux temps, revenez, pour satisfaire l'esprit in-
quiet de la JEUNE FRANCE !

Dans l'origine, c'était la République en sa-
bots.

Aujourd'hui, c'est la République en carrosse.

On ne respire que le luxe, les richesses, les
châteaux, même dans les campagnes.

Voyez comme on est dans la voie des progrès !

Empressez-vous donc, maxime « *Autre temps,
autres mœurs,* » de venir appuyer le système !

Honneur à un autre progrès de mœurs !

Comme ces MESSIEURS de la jeune France (et
non plus ces citoyens) se jouent du peuple ! Ils
trafiqueraient volontiers, et aussi à bon marché, suivant eux, de leurs idées ultra-libérales,
et même du vote universel, pourvu qu'à leur
seul profit on renversât patriotiquement tout
l'Ordre administratif et judiciaire, qu'on ren-
voyât tous les Agents financiers, et même toute
la Bureaucratie.

Jugez alors du bonheur de la France, de sa
haute considération à l'étranger, et de sa prospérité intérieure, avec ces Magistrats, ces Ad-
ministrateurs et ces Financiers des écoles, avec
ces Directeurs du Personnel et ces Chefs de
Bureau dans les divers ministères !

Tels sont les vastes plans de ce qu'on appelle une *réorganisation sociale*, si empressée d'entrer en jouissance, qu'elle a déjà son pouvoir exécutif, qui en cela consacre une des règles de la Constitution de l'Ordre saint-simonien : « *Dépouillez-vous tous à notre profit* », et ne peut manquer d'adopter pour sa religion quelques articles de sa morale d'immoralité.

Jeunesse laborieuse, instruite et morale, ce n'est pas à vous que ces reproches s'adressent.

Si, dans votre impatience, vous sentez le besoin d'aller vite, du moins hâtez-vous lentement.

La France n'est pas ingrate pour les talents.

Elle leur offre d'immenses ressources.

Le Roi des Français, qui a fait de l'ancien Palais des Rois le Palais de la Nation; qui a créé à si grands frais, et par lui-même, un Musée historique presque romain et plus qu'européen, sait apprécier et saura utiliser vos talents.

D'où viennent ces prétentions désordonnées?

Elles ont leurs principes dans les passions imprudemment excitées, et leurs causes auxiliaires dans la trop grande quantité, toujours croissante, de jeunes gens abandonnant et méprisant la modeste ou honorable profession de leurs pères ; de cette fourmilière d'avocats, de

sous-préfets, de notaires, d'employés et d'huis-
siers *à la suite.*

Aux parents la première faute.

A d'autres les autres fautes, qui datent notamment de 1830.

En 1830, la Chambre improvisée ou spontanée des Députés présents à Paris a su conjurer
un grand malheur, celui qui serait résulté d'un
gouvernement républicain.

Si elle avait hésité un seul instant dans sa résolution définitive, la France était une troisième fois envahie par les troupes étrangères, et
livrée à de nouvelles guerres civiles.

L'élan national, pour repousser l'ennemi,
n'eût été qu'une mauvaise parodie.

On ne résiste pas aux baïonnettes avec des
harangues de carrefour, encore moins avec des
pamphlets et des proclamations incendiaires.

On se souvient encore que pendant plus d'un
an la France s'est trouvée sans armée.

Grâces soient rendues à la CHAMBRE DES DÉ-
PUTÉS et à la CHAMBRE DES PAIRS !

Elles ont sauvé la France.

Elles n'ont pas voulu laisser créer une nouvelle MONTAGNE (1) (*ici en dehors des Chambres*)

---

(1) Marat, Couton, Robespierre, etc., formaient, à la Convention, ce qu'on appelait *la Montagne.*

contre laquelle, mais trop tard, les honorables Girondins (1) avaient lutté inutilement.

Tel est le bien immense de l'époque.

La nouvelle d'un trône relevé par des mains si heureuses a eu un grand retentissement chez les Puissances étrangères.

Instruites officiellement par leurs Ambassadeurs ou leurs Chargés d'affaires des motifs de la résistance, de la noble conduite des vainqueurs et des Chambres législatives, de l'absence de toute lutte entre la Souveraineté nationale et la Royauté de race, elles ont spontanément reconnu la Royauté de juillet.

Certes, il faut l'avouer, les sympathies pour ce nouveau Gouvernement ne figurèrent pour rien dans cette résolution.

L'adhésion avait un autre principe.

C'était, en quelque sorte, de toute part un coup d'Etat, mais un de ces *coups d'Etat de haute politique*.

Les Monarchies absolues n'ont pas moins d'honneur que les autres.

Un Roi avait violé sa foi de Roi, jurée même sur l'Evangile.

Les autres Rois ont entendu déclarer hautement à leurs sujets qu'ils étaient incapables de

______

(1) Brissot, Vergniaud, Gensonné, Duclos, etc., etc.

se rendre coupables d'une semblable faute.

Par là ils paralysaient un des ressorts les plus dangereux de la propagande.

Par là ils ont donné une grande leçon d'esprit conservateur à ceux qui remuent imprudemment les passions populaires.

Revenons aux grands mots déjà signalés comme suspects.

En parlant d'*indépendance parlementaire*, il semblerait qu'on voudrait faire oublier que la Royauté et la Chambre des Pairs ont également droit à leur indépendance constitutionnelle.

Les plaintes s'adressent à la Couronne sous la rubrique de *parti de la Cour*, flanquée de la maxime : *Le Roi règne et ne gouverne pas.*

De bonne foi, par quels actes la Couronne a-t-elle porté atteinte à l'indépendance parlementaire ?

On n'en cite et on n'en peut citer aucun.

C'est de l'opposition tout à fait systématique.

Il en est de même lorsqu'on invoque pour le *Ministère son indépendance.*

S'il est responsable, c'est la conséquence du principe constitutionnel consacrant l'inviolabilité de la personne du Roi.

De ce qu'il est responsable, c'est à lui de ne rien proposer au Roi qui ne soit juste et légal ; c'est à lui de ne pas signer tout ordre arbitraire du Roi : là se bornent ses devoirs et son indépendance.

Avec toute autre indépendance, il deviendrai t un quatrième pouvoir législatif, tandis que la Constitution de 1830 n'en reconnaît que trois, dont la Royauté fait partie.

Les Ministres sont les Conseillers de la Couronne; ils sont aussi les défenseurs de ses prérogatives : aussi le premier reproche adressé au ministère du 15 avril par un des grands talents de la Chambre des Députés a-t-il été « qu'*il ne couvrait pas assez la Royauté* ».

La Constitution n'a pas dit et ne pouvait pas dire à une Royauté, bien qu'inviolable, mais héréditaire ou de race, qu'elle n'examinerait rien ; qu'elle ne jugerait de rien, même en matière de politique extérieure; qu'elle s'en rapporterait aveuglément aux propositions, c'est-à-dire aux volontés de ses Ministres et à leur politique.

Et comme les Ministres perdent les Rois faibles, comme une mauvaise politique à l'extérieur peut amener des guerres désastreuses et des malheurs publics, à qui les fautes seront-elles imputées?

Au Roi, s'écriera-t-on de toute part.

Rien donc de plus choquant que cette idée d'*indépendance ministérielle.*

C'est au Roi, dans sa sagesse, à s'en rappor-
ter à l'avis de ses Conseillers.

Si l'opposition était conséquente, elle devrait
regretter qu'on eût ôté à la Chambre des Pairs
son véritable principe d'indépendance de la
Couronne, l'*hérédité*, ou, du moins, qu'on eût
refusé les modifications proposées dans le cour s
des discussions.

Dans un temps plus calme, on reconnaîtra
peut-être que c'est là une faute.

Maintenant *osons relever quelques fautes.*

Quand on accuse avec tant d'ardeur et d'opi-
niâtreté, il faudrait au moins n'avoir pas de reproches à se faire ou à subir.

1° Lorsqu'il s'agissait d'une simple adresse
en réponse au discours de la Couronne, l'autre
Chambre a renouvelé dans le projet de sa com-
mission l'ancienne adresse des 221.

On a ainsi imprudemment donné carrière aux
passions, et lancé une flèche d'irrévérence en-
vers la Royauté.

On a fait grand bruit de ce que quelques voix,
sorties des rangs de la Garde nationale, parisienne, avaient, le 26 avril 1827, crié en présence
du Roi : *A bas les Ministres !*

Ces paroles, bien qu'accompagnées par les mêmes voix des exclamations : *Vive le Roi ! Vive la famille royale !* ont été généralement blâmées comme irrespectueuses.

Et c'est dans le sein d'une Chambre de Députés que sont donnés l'exemple et le même signal contre le Ministère du 15 avril !

Une faible majorité fit justice de cet écart, auquel souriaient déjà les ennemis du Gouvernement de juillet, et dont la mauvaise impression n'est pas moins restée à l'intérieur et à l'extérieur.

Il y avait dans ce projet d'adresse une atteinte portée à l'une des prérogatives d'indépendance de la Couronne, et excès de pouvoir.

Les Chambres ont un moyen légal de blâmer un ministère, et de le forcer à se retirer.

Il consiste à lui refuser leur concours.

Au delà, c'est empiéter sur le pouvoir d'un autre Pouvoir.

2° Si la louange a ses formes françaises, le blâme doit avoir les siennes.

Quoi qu'on en dise, il n'est pas moins vrai que les termes employés sur la question du Cabinet et sur les autres points plus ou moins rationnels étaient loin de respirer et d'inspirer le respect pour la Royauté.

3° Avoir fait tout à coup de l'opposition, et de l'opposition très hostile, c'est, de la part d'hommes d'Etat de grande influence parlementaire, avoir également fourni aux passions des moyens de crédit.

Aussi on n'a pas manqué, dans les dernières Elections, de faire valoir cette étrange circonstance pour répondre à quelques objections d'Electeurs.

4° De son côté, le Ministère du 15 avril a commis une faute de même tendance pour les passions, en conseillant à la Couronne la dissolution des Chambres.

Il aurait bien servi le Pays, et mieux servi la Couronne, en donnant franchement et en masse sa démission.

Au civil comme à la guerre, il y a des retraites qui rivalisent de gloire avec la victoire.

5° Avec tant d'incidents plus ou moins graves, il n'était pas facile à la Couronne de remorquer l'ancien état assez satisfaisant de paix et de prospérité publique.

Bien loin de l'aider à sortir d'embarras pour la formation d'un nouveau Cabinet, on multiplie de toute part les exigences individuelles et de réunions.

De là une crise ministérielle de deux mois.

Et puis à cette crise on impute la *crise commerciale et industrielle.*

Ainsi des fautes on passe aux erreurs, parce que le malade s'en prend au dernier venu de sa mauvaise position.

Oui, la crise ministérielle a été étrangère au malaise commercial et industriel.

Si l'on avait laissé au Gouvernement le droit de se charger des grandes lignes des chemins de fer, que de capitaux n'auraient pas été engloutis dans l'abyme !

Le trésor public a seul le moyen de perdre ; d'ailleurs le Gouvernement ne peut dépenser que légalement ; il agit avec maturité.

Sous le prétexte d'esprit d'association, on a livré la fortune particulière à l'agiotage, en confondant la noble industrie avec l'industrialisme.

Quelle faute de ne pas avoir enchaîné la folie de construire des ponts en attendant les rivières !

Ce n'est pas tout, l'égoïsme local prétend faire la loi aux intérêts d'ordre public, et même aux principes de justice distributive.

La lutte est engagée entre le sucre des Colonies et le sucre indigène.

« La position n'est plus tenable », disent les fabricants de sucre indigène.

Pourquoi cela, s'il vous plaît ?

Les premiers fabricants se sont promptement enrichis.

L'industrialisme, sans consulter ses moyens financiers, sans expérience, élève une foule d'entreprises, basées quelquefois sur des découvertes incertaines ou sur de prétendus perfectionnements.

Nos champs à blé sont convertis en culture de la betterave.

La denrée ne manque pas aux fabriques.

Ce sont les fonds qui manquent pour payer même les premiers frais d'établissement ou pour continuer les épreuves.

Voilà les causes du malaise à cet égard, comme pour les chemins de fer.

L'intérêt public et la véritable agriculture réclament hautement contre ces abus.

On a plus besoin de pain que de sucre.

« Il ne faut pas s'y tromper, ce sont les chemins de fer qui sont la cause flagrante de ce malaise commercial que nous éprouvons depuis le commencement de leur déconfiture (1). »

Ajoutez-y l'esprit d'opposition systématique dans presque toutes les classes, et les tendances (non qualifiées ici) qui s'y rattachent, vous aurez le chiffre total des causes de la crise commerciale et industrielle.

On guérit rarement de la peur, surtout quand on croit les dangers toujours imminents.

6° Comment ne pas y croire ?

Le cabinet du 13 mai est formé, c'est-à-dire un Ministère de dévoûment au Pays et au Trône de juillet.

Eh bien ! les mêmes attaques, les mêmes injures, les mêmes calomnies se renouvellent.

C'est donc un parti pris d'attaquer tous les Ministères. Il suffit donc d'être Ministre pour cesser d'être franc dans ses vues et loyal dans ses intentions !

Ce ne serait plus là une nation de progrès, ce serait une nation d'incivilisation.

On ne peut donc plus marcher sans se heurter.

La folie n'a point d'autres démonstrations.

Les oscillations, les craquements d'une ma-

(1) *Le Temps*, numéro du 11 juin 1829.

chine, ne sont pas faits pour rassurer les spectateurs.

La tactique de cette opposition est si inquiète et si turbulente, qu'on fait remonter la calomnie jusqu'à un illustre GUERRIER, qui, à lui seul, et en toutes choses, est une Légion d'honneur.

Quant à *la réforme électorale*, si ardemment provoquée sour les auspices des gardes nationales, on s'en tient à ce qu'on a dit contre le vote universel, auquel cette idée se rattache.

D'ailleurs la garde nationale est un corps armé, chargé légalement et uniquement de maintenir la Constitution et l'ordre public.

On ne réfléchit pas assez sur la grandeur de cette Institution, qui permet à la NATION d'être armée militairement.

Plus le dépôt est de confiance, plus il doit être sacré.

Vous, *Membres du Cabinet du 13 mai*, faites comme les Chambres législatives de 1830, sauvez la France; restez à votre poste; que votre constante union soit votre force; que votre justice soit la réponse à tous; napoléonisez votre fermeté, qui seule peut en communiquer aux bons citoyens et à toutes les autorités civiles et judiciaires; point de concessions de courtoisie qui annoncent la faiblesse, avec laquelle on ne peut bien et durablement gouverner.

Profitez du temps présent, où l'opinion publique flétrit les idées ultra-libérales et les tendances républicaines ou démocratiques.

Tels sont les moyens, vous le savez, de vaincre, conjointement avec la Couronne, les difficultés de situation et les obstacles d'éventualité.

L'estime générale est une conquête difficile.

Aujourd'hui avoir fait la moitié du chemin c'est avoir atteint le but.

Qu'on ne dise pas que l'estime européenne est impossible : le PRINCE DE BEAUHARNAIS l'avait conquise militairement et moralement.

L'esprit public est encore bon en France ; qu'on le saisisse au centre.

Quoi que nous en ayons dit, il régnait, il dominait dans la *Chambre* des Députés de 1837 ; il règne, il domine également dans la *Chambre* de 1839.

Les dernières élections n'ont pas donné un démenti formel sur ce point capital.

Qu'avez-vous à redouter du Cabinet du 13 mai ?

Quelques grands talents de tribune ? vous en possédez aussi : il n'est pas permis à tout homme d'être un MIRABEAU. Si la parole éloquente

entraîne, c'est à l'esprit calme et sérieux de ju-
ger. D'ailleurs les gens d'esprit qui, avant tout,
sont Français et hommes de juillet, ne sont pas
des boudeurs éternels.

Ils ne connaissent pas le passé sans y avoir
puisé de grandes leçons.

Sans calomnier le présent ni peindre en noir
l'avenir, DISONS qu'ils savent qu'on paie trop
chèrement l'honneur d'être porté en triomphe
par le peuple ;—que, si, dans une insurrection
violente, on lui parle de respect aux lois, d'ordre public à maintenir, un seule voix qui s'écrie :
C'est un traître, est le signal du sacrifice ;—que
le Doyen du TIERS-ETAT, le Maire de Paris (l'illustre BAILLY) a péri quelques mois après avoir
fait proclamer la loi martiale au Champ - de-
Mars ; — que le Général LAFAYETTE, qui l'avait
assisté lors de cette proclamation, n'a dû son salut qu'en prenant un commandement de troupes
sur l'une de nos frontières, d'où il a fui chez
l'Etranger ;—que les honorables Girondins, par-
mi lesquels il y avait un MIRABEAU d'éloquence
(1), et qui tous étaient des TALLIEN de courage,

(1) Vergniaud.

ont péri pour avoir lutté (mais trop tard) pendant cinq mois contre la MONTAGNE;—que le peuple (mais aussi à son tour trop tard) a fait justice de tous ces proclamateurs effrénés de liberté , d'égalité et d'institutions libérales ; — que la Convention elle-même (mais encore trop tard) a manifesté le repentir de ses excès par des actes dignes d'une autre assemblée législative (1) ; — que les nouvelles Dynasties ont leurs écueils à éviter, leurs obstacles à combattre et à vaincre, et que Henri IV n'est, malgré ses droits, monté sur le trône qu'à ce prix ;—que la solidité d'un grand édifice n'est reconnue que par le temps d'épreuve ; — qu'à cet effet le concours loyal des citoyens n'est pas moins nécessaire que celui de leurs Représentants ; — que les éléments des partis extrêmes sont toujours les mêmes ; — qu'ainsi ils se manifestent et se font jour , d'abord par des étincelles ;—qu'il importe donc de les étouffer au lieu de les irriter, si on veut prévenir un embrasement ; — qu'à tort on placerait sa confiance dans le bon esprit public,

____

(1) Nous qui proclamons ces vérités du passé , afin d'en paralyser le retour , nous ne publions aujourd'hui cet opuscule que pour nous éviter à nous-même le reproche d'avoir parlé trop tard.

qui n'est presque rien, sans manifestation ouverte , parce que bientôt la terreur populaire lui commande et le soumet à ses ordres, dont la violence perpétuelle est l'origine et l'appui ; — qu'à tort aussi on se confierait trop à la maxime : *Autre temps, autres mœurs;* — que les mauvaises eaux n'enflent pas moins, comme les bonnes, les rivières ou les fleuves; — qu'en vain on croit pouvoir les diriger pour les rendre utiles : les torrents ne reconnaissent pas de MAÎTRE.

RÉSUMÉ.

Sans doute cet opuscule trouvera des critiques.

On nous dira, comme à un orateur qui a beaucoup et vaguement blâmé : « Concluez ; indiquez donc le remède à l'état actuel des choses. »

LA CONCLUSION !

La voici :

C'est que les passions , qui sont irascibles de leur nature , et que tous faits, tous actes et toutes tendances de provocations , ont tort.

LE REMÈDE !

Il est simple ; il est à l'entière disposition de

ceux qui accusent, qui se plaignent ou qui souffrent.

De l'union, par développement progressif;

De l'opposition, par progression décroissante.

Les premières paroles d'une si noble transaction feraient verser des larmes de joie.

Leur retentissement ferait renaître la confiance et le crédit.

La réalité les consoliderait.

Voilà certes de beaux titres d'honneur et de noblesse, notamment pour ceux qui auraient fait le plus de sacrifices dans la transaction.

Le peuple, qui avait acquis les siens dans les trois journées de juillet, voudrait les conserver.

Les guerres militaires ont eu en France leurs victoires et leur gloire.

A son tour la morale publique aurait les siennes.

Conjurons aussi le Journalisme de participer à cette grande œuvre de conciliation, et surtout de cesser de donner, dans les procès politiques, de l'importance aux accusés, et de flatter par là, involontairement, les passions populaires.

La reconnaissance publique lui tiendra lieu

de subvention : c'est même alors qu'il pourrait en recevoir sans déshonneur.

L'industrie morale a droit à des encouragements, aussi bien que les autres industries.

Voilà une propagande que toutes les Puissances étrangères accueilleraient.

De l'étonnement, elles passeraient à l'admiration.

Ce serait le STUPETE GENTES de l'hymne de Santeuil.

La NATION française surgrandirait avec sa Royauté.

De son côté, le ROI des Français, entre autres titres, resterait le *Napoléon de la paix*.

FIN.

Imprimerie de GUIRAUDET et JOUAUST, 315, rue Saint-Honoré.